1 **Schreiben Sie nach.**

Мм Кк Тт Нн

контакт Антон Анна

2 **Achten Sie auf die Schreibweise von *м* nach anderen Buchstaben.**

ам ом мама атом

3 **Schreiben Sie nach.**

Вв Сс Ее Света Москва

Уу Зз зовут Как вас зовут?

Бб автобус

Макс Бекман

4 **Achten Sie auf die Schreibweise von *я* nach anderen Buchstaben.**

Яя ая бя ня Зоя

Как тебя зовут?

Меня зовут...

5 **Ergänzen Sie die fehlenden Groß- und Kleinbuchstaben.**

М , К , т, В , у, З , Б , Я , Н , У

6 **Übertragen Sie in Schreibschrift.**

Как тебя зовут? ______________________ Меня зовут Света Носова.

______________________ А вас? ______________

Я Анна Антоновна Зотова. ______________________

1 Б От «А» до «Я»

1 **Schreiben Sie nach.**

Ии кино Рр Борис Россия

Дд радио Йй здравствуйте

Ээ Это ресторан. Это Нина.

2 ***у* oder *и*?** *зов_т, рад_о, к_но, Н_на, Бор_с, Росс_я,*

***в* oder *б*?** *С_ета, те_я, здра_ст_уй, а_то_ус, Моск_а*

***з* oder *с*?** *ре_торан, Мо_ква, _овут, _драв_твуйте*

3 **Ergänzen Sie in alphabetischer Reihenfolge.**

а, ___, ___ ___, е, з, ___, ___, ___, м, ___, ___, р, ___, ___, ___

4 **Beantworten Sie die Fragen.**

Это Борис? Это Рита? Это Виктор?

Да, ____________ Нет, ____________ ____________

____________ Это ____________ ____________

5 ***меня? тебя? вас?***

Здравствуй. Как ________ зовут? ________ зовут Рита.

Здравствуйте. Как ________ зовут? ________ зовут Анна Антоновна.

6 **Wie lauten die Fragen?**

Это ______________________? Нет, это не Борис. Это Виктор.

______________________? Да, это Нина.

______________________? Меня зовут Макс.

? Меня зовут Анна Антоновна.

7 **Übersetzen Sie.**

– Guten Tag! ______________ Ich heiße Nina. ______________

Und (wie heißt) du? ______________

– GutenTag, Nina. ______________ Ich heiße Boris. ______________

______________ Und das ist Max. ______________

8 **Setzen Sie die russischen Wörter senkrecht ein.**
Das umrandete Feld ergibt einen Gruß.

1. russischer Mädchenname
2. ja
3. Russland
4. Mutti
5. russischer Mädchenname
6. Restaurant
7. das (ist, sind)
8. Moskau
9. (ich) heiße
10. Mai

От «А» до «Я»

1 **Schreiben Sie nach.**

Ёё Как её зовут?

Её зовут Зина.

Пп папа Европа

Гг Германия его зовут

2 **Achten Sie auf die Schreibweise von *л* nach anderen Buchstaben.**

Лл ал ил ел ол алло Берлин

3 **Schreiben Sie nach.**

ь Сибирь Бельгия письмо

Чч че чи ученик учитель

Цц ца це ученица

учительница

ы ты мы вы

Жж жа же скажи

пожалуйста

Шш ш Маша

машина

4 **Übertragen Sie in Schreibschrift.**

– Скажи, пожалуйста, ты ученица? ____________________

____________________ – Да, я ученица. ____________________

– Откуда ты? ____________________ – Я из Германии. ____________________

– А вы? ____________________ – Мы из России. ____________________

5 **ц oder ч?** у_итель, у_еник, у_еница, у_ительни_а

ж oder ш? ска_и, ма_ина, по_алуйста

и oder у? он_, _читель, _ченица, уч_тельн_ца, п_сьмо

6 **Kennzeichnen Sie die weichen Konsonanten.** ↗ **Г 8**

учитель, учительница, меня, тебя, кино, ресторан, письмо, Нина, Германия, Сибирь

7 **Ergänzen Sie in alphabetischer Reihenfolge.**

а, , , , , , , , з, , й, , , , н, о, , , , , у

8 ***он? она? оно? они?***

Марк Мунц из Австрии. Он ученик? – Нет, ______ учитель.

Рамона из Германии. ______ ученица? – Да, ______ ученица.

Это Нина и Рита. ______ из России? – Да, ______ из России.

А откуда Мария? – ______ из Швейцарии.

Это письмо из Великобритании? – Нет, ______ из Австрии.

9 **Откуда они?**

Это Урс. Он из Швейцарии.

Это ____________________. ________ из ______________________.

Это _______________ и _______________. Они ____________________.

10 *меня? тебя? вас? его? её?*

1. Я ученица. ________ зовут Света. А как ________ зовут? – ________ зовут Игорь.

2. Это учительница. ________ зовут Ирина Петровна.

3. Это учитель? – Да. – Как ________ зовут? – ________ зовут Иван Иванович.

– А как ________ зовут? – Меня зовут Анна Борисовна.

11 Wie lauten die Fragen?

__________________ – Да, это ученица.

__________________ – Да, это учитель.

__________________ – Мы из России.

__________________ – Её зовут Нина.

__________________ – Его зовут Борис Иванович.

__________________ – Да, я из Москвы.

12 Как правильно?

1	десять
2	восемь
3	семь
4	шесть
5	два
6	один
7	четыре
8	девять
9	три
10	пять

5 + 4 = ________________

6 – 2 = ________________

5 + 3 = ________________

8 – 2 = ________________

4 + 3 = ________________

9 – 7 = ________________

Setzen Sie Zahlwörter ein.

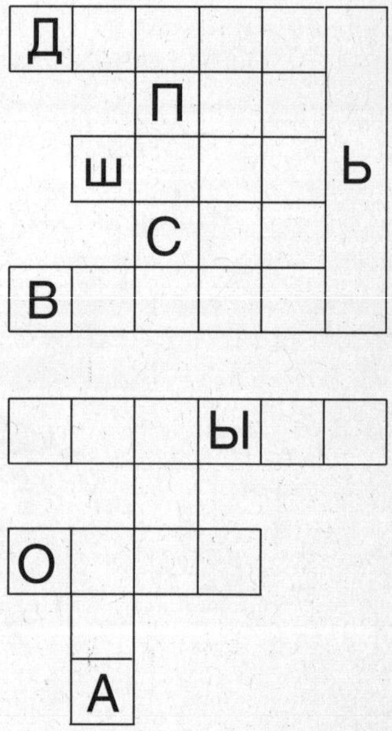

13 Ordnen Sie die Zahlwörter nach ihrer Betonung.

один, пять, шесть, семь, восемь, девять, десять

↓ — ↓ — ↓

________________ ________________ ________________

________________ ________________

________________ ________________

14 ***живу, живёшь, живёт; живём, живёте, живут?***

Где ты ____________? Я ____________ в Москве. А где ____________ Макс?

Макс ____________ в Берлине. А вы? Где вы ____________, Поль и Жак?

Мы ____________ в Париже.

15 **Где они живут?**

Катрин живёт в Дрездене (Дрезден). Таня и Катя ____________

____________ (Москва). Регина ____________ (Берлин).

Джон ____________ (Лондон). Моник и Жан ____________

____________ (Париж). Удо ____________ (Вена).

16 **Übersetzen Sie.**

Das ist eine Schülerin. ____________

Sie heißt Galina. ____________

Galina ist aus Russland. ____________

Sie wohnt in Moskau. ____________

17 **Wie lauten Galinas Fragen und Ihre Antworten?**

Galina fragt

nach Ihrem Namen ____________

ob Sie aus Deutschland sind ____________

nach dem Ort, in dem Sie wohnen____________

____

1 **Schreiben Sie nach, setzen Sie Druckschrift in Schreibschrift um.**

Фф ____________ фамилия ____________ Фёдоров ____________

Ю ____________ Юрий ____________

Хх ____________ Юрий Харитонов ____________

Щщ ____________ ща ________ ще ________ ещё раз ____________

ъ ъ ________ субъект ____________; пять ________ шесть ____________

2 ***ж, ш, ч, щ?***

по_алуйста, у_итель, е_ё, _етыре, ма_ина

3 **Fügen Sie die fehlenden Kleinbuchstaben ein.**

Б , Г , Д , Ж , З , Л , Н , П , Р , Т ,
У , Ф , Х , Ц , Ч , Ш , Щ , Э , Ю , Я

4 **Vervollständigen Sie die Zahlwörter. Setzen Sie Betonungszeichen.**

11	*оди́ннадцать*	16	*надцать*
12	*надцать*	17	*надцать*
13	*надцать*	18	*надцать*
14	*надцать*	19	*надцать*
15	*надцать*	20	*дцать*

5 **Schreiben Sie die buchstabierten Wörter auf:**

и-эм-я ________, эф-а-эм-и-эль-и-я ____________,

зэ-дэ-е-эс-мягкий знак ________, о-бэ-твёрдый знак-е-ка-тэ ____________,

ю-эр-и- и краткое ____________

6 ***он? она? ей? ему? мне?***

Таня студентка? – Да, она студентка. – Сколько _____ лет? – _____ 18 лет.

– Откуда _____? – _____ из России.

А Бернд студент? – Нет, _____ ученик. – Сколько _____ лет? – _____ 16 лет.

– Откуда _____? – _____ из Германии.

Петер учитель? – Нет, _____ студент. – Сколько _____ лет? – _____ 20 лет.

– Откуда _____? – _____ из Австрии.

А откуда ты? – Я из__________________ – Сколько тебе лет? – ______________

7 **Wie heißen die Städte?**
Lesen Sie laut und ordnen Sie schriftlich zu.

Ганновер, Москва, Санкт-Петербу́рг, Гамбург, Дрезден, Ирку́тск, Владивосто́к, Кёльн

Россия	Германия
______________________	______________________
______________________	______________________
______________________	______________________

8 **Wie lauten die Fragen?**

Вы учительница? – Нет, я студентка.

______________________? – Меня зовут Рита Королёва.

______________________? – Я из России.

______________________? – Да, это студент.

______________________? – Его зовут Борис Петро́в.

______________________? – Ему 19 лет.

______________________? – Нет, он из Санкт-Петербу́рга.

9 **Ordnen Sie.**

номер, телефон, фамилия, имя, учитель, учительница, письмо, страна, город

мой – наш – ваш ____________________ ____________________ ____________________ ____________________

моя – наша – ваша ____________________ ____________________ ____________________

моё – наше – ваше ____________________ ____________________

10 **Ответьте на вопросы.**

Это ваш телефон? – Да, это наш телефон.

Это ваша учительница? – ____________________

Это твой учитель? – ____________________

Это твоё письмо? – ____________________

11 **Setzen Sie waagerecht Namen von Ländern oder Städten ein, und Sie erhalten senkrecht den Namen eines großen Landes.**

					Л			
Л								
			О			В		
			В					Я
	П							
Д		Н						

12 **Schreiben Sie auf, was Sie über Wadim erfahren haben.**

Das ist Wadim. ____________________

Wadim ist aus Russland. ____________________

Er ist Student. ____________________

Er ist 18 Jahre alt. ____________________

Er wohnt in Irkutsk. ____________________

13 **Stellen Sie sich einem Gesprächspartner vor.**

Моя фамилия ____________________ Я из ____________________

Моё имя ____________________ Я живу в ____________________

14 **Vervollständigen Sie das Gespräch mit Wadim.**

– Здравствуй. Меня зовут Вадим Петров. А как тебя зовут?

– ____________________

– Извини, повтори, пожалуйста, ещё раз по буквам.

– ____________________

– Откуда ты?

– ____________________

– Ты живёшь в Берлине?

– ____________________

– Мне 18 лет, а тебе?

– ____________________

– Я студент, а ты?

– ____________________

От «А» до «Я»

1 **Schreiben Sie nach.**
Ergänzen Sie andere Wörter mit dem angegebenen Buchstaben.

ж госпожа ______

х плохо ______

ч отчество ______

2 **Ergänzen Sie die Großbuchstaben.**

ж ___, г ___, д ___, б ___, ц ___, з ___, л ___, т ___, ч ___, п ___, ш ___, щ ___

3 **Ordnen Sie nach dem Alphabet:**

плохо, хорошо, говорить, жить, здравствуй, пожалуйста, госпожа, отчество, здесь, но, Россия, Москва, ресторан, телефон, номер, извините

______ ______ ______ ______

______ ______ ______ ______

______ ______ ______ ______

______ ______ ______ ______

4 **Setzen Sie *здравствуй, здравствуйте, господин* oder *госпожа* ein.**

______, Макс. ______, Анна Антоновна.

______, Нина и Рита. ______, Борис Петрович.

______, ______ Харитонова.

______, ______ Иванов.

5 **Как правильно: *русская, русский, немец* или *немка*?**

Юлия Фёдоровна русская ______. Борис Петрович ______.

Господин Шмидт ______. Госпожа Шнайдер ______.

Свен не ______. Он ______.

Госпожа Харитонова не ____________________. Она _________________.

Господин Симонов не ____________________. Он _________________.

6 **Как правильно: *говорю, говоришь, говорим, говорите, говорят*?**

– Я ещё плохо _________________ по-немецки. А ты _________________ по-немецки?

– Нет, но моя мама и мой папа ____________________ по-немецки.

А вы _________________ по-русски? – _________________, но плохо.

7 **Welche Sätze sagt Sven und welche Wolodja?**

	10			

	7			

1. Мне 17 лет. Где ты живёшь?
2. В Берлине. А ты?
3. Я живу в Москве.
4. Ты говоришь по-немецки?
5. А я студент. Мне 19 лет. А тебе?
6. Здравствуй. Ты русский?
7. Нет, я ученик. А ты?
8. Говорю, но плохо. А ты хорошо говоришь по-русски.
9. Да, я русский. Меня зовут Володя.
10. А я немец. Меня зовут Свен. Ты студент?

8 **Schreiben Sie auf, was Sie in diesen Situationen sagen würden.**

Sie sind mit einer Jugendgruppe auf einem Bahnhof in Russland angekommen.
Sie werden von einer russischen Lehrerin empfangen. Sie heißt Frau Petrowa.

Begrüßen Sie sie. ____

Stellen Sie sich und Ihre Begleiter vor. Sagen Sie, aus welcher Stadt Sie kommen.

____

Sagen Sie, wie alt Sie sind. ______________________________________

Sagen Sie, dass Sie noch nicht gut Russisch sprechen. _______________

____

1 **Ordnen Sie Vornamen, Vaternamen und Nachnamen in die Tabellen ein.**

Борис, Борисов, Борисова, Борисович, Борисовна, Виктор, Виктория, Викторовна, Викторович, Антон, Антонова, Антонович, Антоновна, Анна, Ши́лов, Зотов, Зотова, Вера, Фёдор, Фёдоров, Фёдоровна, Фёдорович, Фёдорова, Любовь

Имя:	отчество:	фамилия:
Анна	Борисовна	Борисова

Имя:	отчество:	фамилия:
Антон	Викторович	Шилов

2 **Ergänzen Sie die fehlenden Groß- oder Kleinbuchstaben.**

Б ___, В ___, Г ___, Д ___, ___ ж, З ___, К ___, ___ л,
М ___, Н ___, П ___, ___ р, Т ___, ___ ф, Ц ___, ___ ч,
Ш ___, Щ ___, Э ___, Ю ___, Я ___

3 **Kennzeichnen Sie die weichen Konsonanten:**

<u>д</u>ела, ничего, меня, нормально, смотри, близнецы, интересно

4 **Ordnen Sie die Wörter aus Übung 3 nach ihrer Betonung.**

_ ↓	_ _ ↓	_ ↓ _	_ _ ↓ _

5 **Как правильно?** Они близнецы.

Тина и Кира — Максим и Рита — Виктор и Сима

Тина – *сестра Киры*. Максим – ________ ________

Кира – ________ Рита – ________ ________

6 **От кого письмо? Откуда оно?**

Используйте: Джон – Лондон, Петер – Вена, Рита – Гамбург, Нина – Москва, Рольф – Берлин

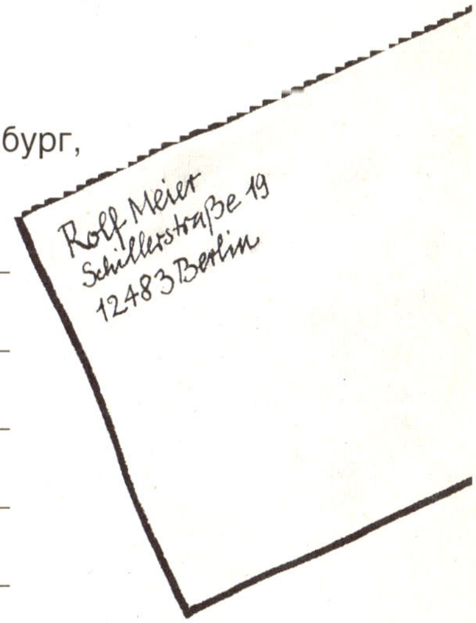

Это письмо от Джона из Лондона?

____

____

____

____

7 **Setzen Sie Betonungszeichen und kennzeichnen Sie den Laut *[o]*. Wie oft tritt er auf?**

ничегó, Омск, стол, он, они, она, окно, кино, радио, на столе, школа, в школе, фотография, откуда, от Виктора, интересно

8 **Schreiben Sie ab. Achten Sie auf die Schreibweise von *л* nach anderen Buchstaben.**

школа *школа*, стол ________, стул ________, класс ________, близнецы ________

9 **Wie heißen die Substantive?**

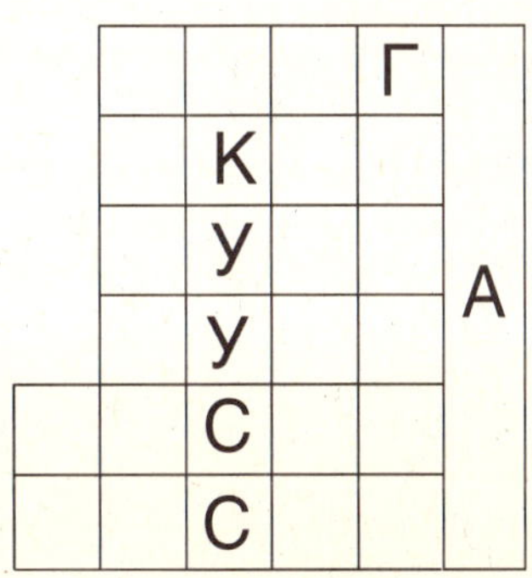

10

мой **или** ***твой*****?** ***моя*** **или** ***твоя*****?** ***наш*** **или** ***наша*****?** ***ваш*** **или** ***ваша*****?**

Это твоя сумка, Нина? – Да, моя. (Нет, не моя.)

Это _______ учебник, Виктор? – Да, ____________________

Это _______ фотография, Лиза и Галина? – Да, ____________________

Это _______ класс, Нина и Рита? – Нет, ____________________

Это _______ тетрадь, Антон? – Нет, ____________________

11

Что это? **или** ***Кто это?***

Что это? – Это окно.

_______________ – Это сумка Нины.

_______________ – Это учитель.

_______________ – Это подруга Риты.

_______________ – Это дверь.

_______________ – Это доска,стул и стол.

12

Спросите и ответьте.

класс – школа Где класс? Он в школе.

карандаш – стол ____________________

книга – сумка ____________________

Наташа – Москва ____________________

Антон и Елена – кино ____________________

13

Переведите.

Guten Tag! Wie geht es? ____________________

Danke. Es geht. Und wie geht es dir? ____________________

Gut. _______________ Ist das ein Brief aus Rußland? ____________________

Ja. Von einer Freundin aus Moskau. ____________________

____

1 **Ordnen Sie die Formen von *любить* nach ihrer Betonung:**

__ ↓	↓ __	↓ __ __
______	______	______
	______	
	______	
	______	

я люблю — мы любим
ты любишь — вы любите
он(а) любит — они любят

2 **Setzen Sie die Substantive im Akkusativ ein:**

музыка, спорт, футбол, брат, сестра, мама, теннис

	(что?) –	*(кого?)* –а	*(кого? что?)* –у
Борис любит	______	______	______
	______		______
	______		______

3 **Unterstreichen Sie**

- т, das den Laut [д] bezeichnet:
  футбол, гитара, от сестры, от брата;
- з, das den Laut [с] bezeichnet:
  из города, из класса, из Берлина, из Парижа.

4 **Bilden Sie Sätze.**

моя	сестра и брат любят	слушать музыку
мой	мама любит	играть на гитаре
мои	друг любит	играть в теннис
наши	папа и мама любят	смотреть телевизор

____

____

____

____

5 **Setzen Sie Verben im Infinitiv ein.**

leben; wohnen
lesen
lieben, gern *etwas tun*
sagen, sprechen
sich *etwas* ansehen
spielen
tanzen
tun, machen
zuhören

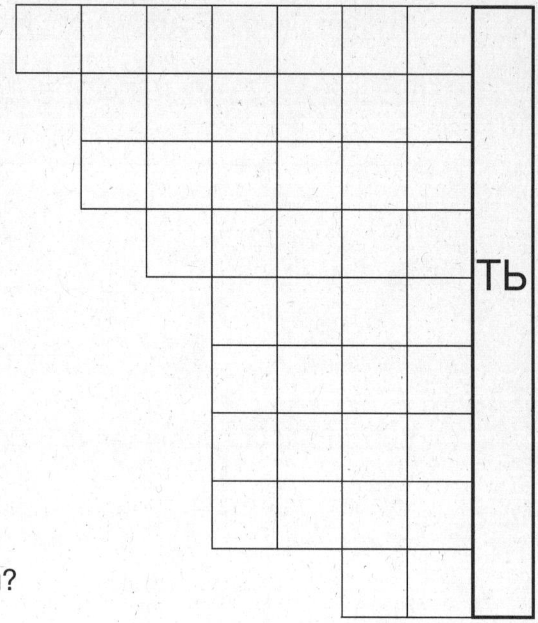

6 **Ergänzen Sie die fehlenden Endungen.**

– Алло? Это Маша? Здравствуй, Маша.
Это говор___ Кира. Что ты дела_______?
– Здравствуй, Кира. Я дела____ уроки. А ты?
– Я чита___ письмо.
– От кого оно?
– От Марка. Он жив____ в Берлине.
– А что дела____ твоя сестра Катя?
– Она игра____ на гитаре, а моя мама слуша____ радио.

7 **Fragen Sie Ihren Gesprächspartner, ob er etwas gern (gut) tut.**

Ты любишь ______________________________? Вы ______________________________?

______________________________ ______________________________

Ты хорошо ______________________________? Вы ______________________________?

______________________________ ______________________________

8 **Что они делают? Дополните.**

телевизор, гитара, гандбол, школа, книга, журнал

Нина читает ____________________, а Таня читает ____________________.

Таня смотрит ____________________. Наташа и Ира говорят о ____________________.

Марк и Саша играют в ____________________. Таня играет на ____________________.

9 ***кто? что? о ком? о чём? во что? на чём?***

________ слушает радио? – Антон.

________ играют Наташа и Тамара? – В теннис.

________ хорошо играет Виктор? – На гитаре.

________ говорят Ира и Катя? – О Борисе.

________ говорят Борис и Марк? – О спорте.

________ делает Таня? – Уроки.

10 **Übersetzen Sie. Achten Sie auf die Wortfolge.**

Was machst du? ____________________ Liest du ein Buch? ____________________

____________________ Liest du gern? ____________________

Wo wohnst du? ____________________

Worüber sprecht ihr? ____________________

11 **Sie haben die Adresse eines Moskauer Mädchens bekommen und möchten ihr einen Brief schreiben.**

Stellen Sie sich vor (Name, Alter, Wohnort). ____________________

____

Schreiben Sie, was Sie in Ihrer Freizeit (nicht) gern tun. ____________________

____

Erkundigen Sie sich nach Alter und Interessen Ihrer Briefpartnerin. ____________________

____

У вас есть друзья?

1

у или и?

зов_т, ст_дент, он ж_вёт, др_г, подр_га, она ч_тает, он _грает, м_зыка, она люб_т

2

Schreiben Sie die Wörter heraus, die nicht dazugehören.

брат, сестра, мама, папа, студент ______

стол, стул, баскетбол, доска, класс ______

окно, хорошо, плохо, ничего ______

на, в, о, но, из, от ______

жить, любить, тетрадь, говорить, делать ______

3

Unterstreichen Sie die Satzteile, die im Russischen zum Ausdruck von *(nicht) haben, besitzen* verwendet werden. Übersetzen Sie.

У меня есть брат и сестра. ______

У тебя есть подруга? ______

У Милы нет брата и сестры. ______

У Нины есть хороший друг. ______

У нас есть телевизор. ______

У вас есть телефон? ______

4

Setzen Sie Betonungszeichen für den Laut *[o]*. Wie oft tritt er auf?

компьютер, калькулятор, мотоцикл, видеомагнитофон, велосипед, один, подруга

5

Что есть у Киры и у Виктора? Чего у них нет?

	плейер	фотоаппарат	велосипед	мотоцикл	кассетник	компьютер
Кира	+	–	+	–	+	–
Виктор	+	+	+	–	+	+

У Киры есть плейер ____, и у Виктора есть плейер.

У Киры ещё нет ________, а у Виктора уже есть ________

____

____

____

____

6

один **или** ***одна,*** ***два*** **или** ***две*****?**

_____ брат, _____ сестра, _____ подруги, _____ друга, _____ велосипеда,

_____ компьютер, _____ учительницы, _____ ученица, _____ плейер,

_____ книга, _____ стола, _____ доски, _____ окна, _____ сумки

7

Вставьте ***брат, сестра, плейер, книга.***

			m.	f.
N.	есть	кто? что?	________	________
G.	нет	кого? чего?	________	________
A.	люблю	кого? что?	________	________
P.	говорю	о ком? о чём?	________	________

8

Напишите о себе.

У вас есть брат? ________

У вас есть сестра? ________

У вас есть друг или подруга? ________

У вас есть кассетник? ________

У вас уже есть компьютер? ________

У вас есть друзья?

1 **Schreiben Sie ab. Achten Sie auf die Schreibweise von *м* und *я*.**

у меня у меня, у тебя ________, гимназия __________, друзья __________,

девять __________, семнадцать ________________, кому __________

2 **Ordnen Sie die Präsensformen der Verben und setzen Sie Betonungszeichen.**

пишем, пишут, пишу, пишете, пишет, пишешь; учу, учат, учим, учите, учишь, учит; говорит, говорим, говорят, говоришь, говорю, говорите; читает, читаю, читаем, читаешь, читают, читаете

	Singular	Plural
1. Person	________________	________________
	________________	________________
2. Person	________________	________________
	________________	________________
3. Person	________________	________________
	________________	________________

3 **Как правильно? *русский, французский, английский … язык* или *по-русски, по-французски, по-английски …*?**

1. Я учу в школе ________________. Я уже хорошо пишу и читаю ________ __________, но ещё не очень хорошо говорю ________________. Ещё я учу ______________. Я люблю говорить ______________.
2. Жан из Парижа. Он учит в школе ______________. Он пишет письмо подруге в Мадрид ________________. Подруга Жана не говорит ______________. Она хорошо говорит ______________.
3. Нина – русская. Она хорошо говорит ______________. В Германии у неё есть друг. Она пишет ему письма ____________ и ____________. Нина учит в школе ____________ и ________________.

4 **Ordnen Sie die Zahlwörter nach ihrer Betonung. Kennzeichnen Sie die weichen Konsonanten.**

десять, двадцать, тридцать, сорок, пятьдесят, шестьдесят, семьдесят, восемьдесят, девяносто

↓ __ | __ __ ↓ | ↓ __ __ | __ __ ↓ __

______ | ______ | ______ | ______

______ | ______

______

______

↓ __ __ __

______

5 **Напишите:**

девяносто 90, восемнадцать ____, сорок ____, сто ____, двадцать ____,

тринадцать ____, одиннадцать ____, семьдесят ____, пятнадцать ____,

шестьдесят ____, сорок два ____, тридцать девять ____, пятьдесят четыре ____,

20 двадцать, 30 ________, 40 ________, 50 ________,

60 ________, 70 ________, 80 ________, 90 ________, 100 ____

6 **Ответьте на вопросы в письме.**

У тебя есть друг или подруга? ________

Как его (её) зовут? ________

Сколько ему (ей) лет? ________

Где он(а) живёт? ________

Какой язык он(а) учит в школе? ________

Он(а) говорит по-русски? ________

А ты хорошо говоришь по-русски? ________

____

3 B У вас есть друзья?

1 **ж, ц, ш или щ?**

по-неме_ки, _кола, у_е, ска_и, каранда__, _урнал, слу_ать, ты люби_ь, кон_ерт, по_алуйста, _веты

2 **Куда они идут?**

Нина ________________ (школа).

Борис ________________ (стадион).

Катя ________________ (концерт).

Где они теперь?

Нина ________________.

Борис ________________.

Катя ________________.

3 **Fügen Sie die Substantive im richtigen Kasus ein.**

Таня живёт в ________________	город
Катя идёт к ________________	стадион
У Виктора письмо из ________________	класс
У Риты письмо от ________________	Москва
Где учительница? Она в ________________	Ира
Любимая группа Марка играет на ________________	концерт
Борис и Аня идут на ________________	Борис

4 **Сколько им лет?**

Зина – 5 Зине 5 лет.

Тамара – 1 ________________

Филипп – 4 ________________

Виктор – 21 ________________

Оксана – 22 ________________

Михаил – 25 ________________

Тамара Ивановна – 32 Тамаре Ивановне 32 года.

Анна Антоновна – 45 ________________

Борис Петрович – 51 ________________

5 **Вставьте *друг, подруга, велосипед.***

			m.	f.
N.	кто?	что?	____________	____________
G.	кого?	чего?	____________	____________
D.	кому?	чему?	____________	____________
A.	кого?	что?	____________	____________
I.			____________	____________
P.	(о) ком?,	(о) чём?	____________	____________

6 ***где? куда? откуда? кто? от кого? кому? к кому? что? о чём?***

- ______ идут Борис и Роман? На концерт. ______ концерт? В школе.
- ______ Рита и Таня играют в теннис? На стадионе. _____ ещё на стадионе? Зина.
- ______ идёт Марина? К подруге. _______ живёт подруга Марины? Здесь.
- ______ у Нины письмо? Из Омска. _______ оно? От сестры.
- ______ на столе? Учебник.
- ______ ты пишешь? Другу. ______ он? В Париже. ______ ты пишешь? О Берлине.

7 **Что говорит Аня? Что говорит Олег?**

Аня: [ ] [ ] [ ]

Олег: [2] [ ] [ ]

1. К Борису. Ему сегодня 18 лет. А ты?
2. Привет! Как дела?
3. Пока!
4. Нормально. А у тебя?
5. На рок-концерт. Сегодня играет моя любимая группа. Ну, пока! Привет Борису.
6. Спасибо. Ничего. Куда ты идёшь?

1 **ш, ж или ч?**

ты идё__ь, вот по__ему, я дру__у, __ахматы, лу__ше,
ты знае__ь, ты дру__и__ь, коне__но, __то, о__ень хоро__о

2 **Kennzeichnen Sie in den folgenden Wörtern die angegebenen Laute. Wie oft treten sie auf?**

[ч’]: почему, очень, лучше, что, ничего, конечно

[г]: кого, играть, говорить, ничего, сегодня

3 **Kennen Sie die neuen Wörter? Das umrandete Feld ergibt von oben nach unten gelesen eine russische Redewendung.**

С кем ты …?

До свидания.
С кем ты …?
не хорошо, а …
denken

aber
oder

Здравствуй.
können
etwa
wissen

4 ***а* или *и*?**

Я дружу с Кирой ___ с Ирой. Таня дружит не с Ирой, ___ с Ниной.
Миша дружит с Борисом, ___ Виктор дружит с Ниной.
Миша сидит с мальчиком, ___ Нина сидит с мальчиком.
Миша сидит с мальчиком, ___ Виктор сидит с девочкой.
Учительница знает Таню, ___ Максима она не знает.

5 **Вставьте *мальчик, письмо, девочка*.**

			m.	n.	f.
N.	кто?	что?	______	______	______
G.	кого?	чего?	______	______	______
D.	кому?	чему?	______	______	______
A.	кого?	что?	______	______	______
I.	(с) кем?	(с) чем?	______	______	______
P.	(о) ком?	(о) чём?	______	______	______

6 **Sie werden von einem Jugendlichen aus Russland angesprochen. Kreuzen Sie eine geeignete Antwort an und schreiben Sie eine eigene.**

Здравствуй, меня зовут Пётр Иванов.

- ○ Привет, Нина.
- ○ Привет, Пётр, меня зовут …
- ○ Здравствуй, как дела?

____

Ты умеешь играть в шахматы?

- ○ Нет, не умею. Я не люблю шахматы.
- ○ Конечно, умею.
- ○ Я не знаю, кто хорошо играет в шахматы.

____

Ты любишь танцевать?

- ○ Конечно, любим.
- ○ Она танцует лучше, чем я.
- ○ Люблю. А ты?

____

У тебя есть друзья в России?

- ○ Не знаю.
- ○ Есть. Я дружу с девушкой из Москвы.
- ○ Да, у меня есть сестра и брат.

____

7 **Напишите о себе.**

С кем вы дружите, с юношей или с девушкой?
С кем вы любите вместе слушать музыку, смотреть телевизор?
С кем вы любите танцевать?

____

____

____

1 **Wie oft kommt in diesen Wörtern der Laut *[o]* vor? Unterstreichen Sie.**

дома, добрый день, обедать, вечером, дискотека, пойдём,
когда, часов, сколько, после

2 **Schreiben Sie aus Übung 1 die Wörter mit den Buchstaben *м* und *л* heraus.**

____

3 **Schreiben Sie in alphabetischer Reihenfolge:**

шахматы, уметь, знать, сидеть, дружить, мальчик, девочка, лучше,
конечно, разве, думать, вместе, час, минута, время, часы, сколько, шесть,
пойдём, сейчас, сегодня, ужин, обед, завтрак, после, теперь, там, школа

В

Д

З

К

Л

М

О

П

Р

С

Т

У

Ч

Ш

4 ***час, часа*** **или** ***часов*****?** ***минута, минуты*** **или** ***минут*****?**

2 час__, 23 час__, 18 час__, 21 час__, 33 минут__, 24 минут__,

21 минут__, 2 минут__, 1 минут__, 21 минут__, 22 минут__; 13 час__ 45 минут__

5 **Сколько сейчас времени?**

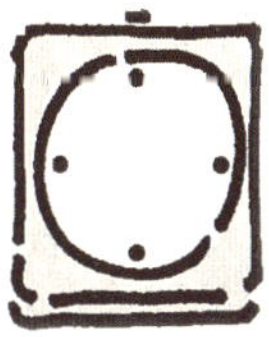

Десять часов
двадцать минут.

Пять часов
сорок пять минут.

Два часа
тридцать три минуты.

Двадцать часов
пятьдесят семь минут.

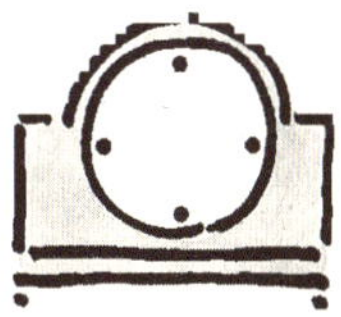

Двенадцать часов
восемнадцать минут.

Пять часов
тридцать одна минута.

6 **Diese drei russischen Städte liegen in verschiedenen Zeitzonen.**
Finden Sie den Zeitunterschied heraus und schreiben Sie die jeweilige Zeit auf.

Москва	Иркýтск	Хабáровск
12:00	17:00	19:00
В Москве две-надцать часов.	______	______
__ : __	13:00	__ : __
______	______	______
__ : __	24:00	__ : __
______	______	______

7 **Сколько времени?**

Зина и Нина (45 Min.) ______________________________ слушают музыку.

Таня делает уроки уже (1 Std. 30 Min.) __________________________.

Кира и Денис дружат уже (3 Jahre) ______________________.

Нина знает Бориса уже (5 Jahre) ________________________.

После ужина мы всегда (2 Std.) ________________________ смотрим телевизор.

Рита уже (3 Std.) ______________________ дома.

8 ***куда*** **или** ***где*** **?**

Утром Кира идёт в школу. (куда ?) В школе она сидит с Денисом. (______?)

После школы Кира идёт домой. (______?) Дома она два часа делает уроки.

(______?) Вечером она идёт с Денисом на стадион. (______?) Там сегодня

концерт. (______?) В девять часов Кира уже дома. (______?)

9 **Дополните.**

Сегодня Рольф не в школе. Он _____________. Рольф пишет

письмо _____________. Он живёт в ______________. Его зовут

Вадим. Они дружат уже два года. Рольф пишет Вадиму о ________

________ и о ______________. Её зовут Катрин. Рольф пишет уже

час. В 12 часов Рольф обедает с ___________. После обеда они

слушают ____________ по радио. Играет группа «Генезис».

После ужина Рольф идёт с другом на _____________. Рольф очень

любит танцевать. Мама говорит: «Рольф, когда ты придёшь[1] _______?»

Рольф говорит: «В десять часов».

мама
концерт
дома
домой
школа
подруга
друг
Россия
дискотека

[1] kommst

10 Напишите о себе.

- Мои друзья

У вас есть друг или подруга? ______________________________

Как его (её) зовут (имя, фамилия)? ______________________________

Сколько лет вы его (её) знаете? ______________________________

Сколько лет вы уже дружите? ______________________________

Вы вместе сидите в школе? ______________________________

Что вы делаете вместе? ______________________________

Что ваш друг (ваша подруга) хорошо умеет делать? ______________________________

____

Какой язык он(а) учит в школе? ______________________________

У вас есть ещё друзья? ______________________________

- Мой день

завтракать В семь часов я завтракаю.

идти в школу ______________________________

в школе ______________________________

идти домой ______________________________

обедать ______________________________

делать уроки ______________________________

читать (...) ______________________________

играть в (на ...) ______________________________

ужинать ______________________________

после ужина ______________________________

Где вы живёте?

1

Ordnen Sie folgende Wörter nach ihrer Betonung:

здорово, запиши, почтовый, квартира, правильно, понимать

↓ _ _   _ ↓ _   _ _ ↓

2

Как вы знаете новые слова?

Hier sind Wörter versteckt, die Sie beim Beschriften eines Briefes nach Russland benötigen.

3

Beschriften Sie die Postkarte.
Wählen Sie ein Beispiel.

Abs.:

Schreiben Sie die Adresse wie folgt:

<u>deutsch:</u>
- Bestimmungsland

<u>russisch:</u>
- Stadt, Postleitzahl
- Straße, Haus- und Wohnungsnr.
- Name (Dativ!)

Der Absender wird deutsch angegeben.

Empfänger der Karte heißt:	Петров Борис	Иванова Наташа
Bestimmungsort:	Moskau	Sankt Petersburg
Postleitzahl:	127540	197110
Straße, Hausnr., Wohnungsnr.:	Markowstr. 10, Whg. 310	Puschkinstr. 28, Whg. 45

4 **Как правильно: *называется* или *зовут*?**

Мой город ____________________ Гамбург.

У меня есть друг. ____________________ Михаэль.

У тебя есть сестра? Как ________________________?

5 **Vervollständigen Sie. Setzen Sie in der rechten Spalte ein:**
домой, дома, в школу, в квартире, в Берлин, в Берлине.

Infinitiv	Präsens		*куда* или *где*?
ехать:	я __________________	, ты __________________	домой, в Берлин
идти:	я __________________	, ты __________________	__________________
быть:	я __________________	, ты __________________	__________________
жить:	я __________________	, ты __________________	__________________

6 **Вставьте *Андрей* и *Катя*.**

У меня есть друзья. Они брат и сестра. Их зовут ____________ и ___________.

У ____________ и у ____________ есть компьютер.

Завтра я иду в гости к _____________ и к _____________.

Я знаю _____________ и _____________ уже три года.

Я часто играю в теннис с _____________ и в шахматы с _____________.

Теперь вы знаете об _____________ и о _____________.

7 **Напишите,**

как вас зовут: фамилия ___________________, имя ______________________________

как называется ваш город (ваша деревня): ____________________________________

как называется ваша улица: ____

какой у вас номер дома: ____

1 **Bilden Sie den Nominativ Plural folgender Substantive. Setzen Sie Betonungszeichen.**

театр ______	деревня ______	а́дрес ______
гостиница ______	музей ______	город ______
школа ______	ручка ______	дом ______
класс ______	река́ ______	
улица ______	каранда́ш ______	
квартира ______	подруга ______	письмо ______
магазин ______	фотография ______	место ______
карта ______	библиотека ______	окно ______

2 **Составьте как можно больше словосочетаний со словами из упр. 1:**

красивый парк,

новая библиотека,

старое имя,

маленькие дома,

3 **Переведите.**

Lieblingsgruppe – любимая группа

Lieblingsort – ______ Lieblingsbuch – ______

Lieblingsmusik – ______ Lieblingsname – ______

Где вы живёте? 5 B

1 **Wie oft kommt der Laut *[o]* vor?**
Unterstreichen Sie die entsprechenden Buchstaben.

почта, дойти, доехать, до гостиницы, недалеко от аптеки, напротив, остановка автобуса, спасибо, пожалуйста, рядом, дорога, направо, налево, к сожалению, покажите

2 ***д, г, б* или *в*?**

напроти_, спаси_о, из_ините, доро_а, ря_ом, г_е

3 **Как правильно: *где? куда? откуда?***

________ находится музей? – В центре города. ________ ты идёшь? – В кино.

________ ты идёшь? – Я иду из кино. ________ Нина едет летом? – В Москву.

________ живёт твоя подруга? – На улице Панфилова.

________ твоя подруга? – Она из Берлина.

4 **Как правильно: *рядом с, недалеко от, у, напротив?***
Вставьте и переведите предложения.

Кинотеатр находится ________________ стоянки такси.

Гостиница находится ________________ аптекой.

Остановка автобуса находится ______________ музея.

Магазин «Книги» находится _______________ остановки автобуса.

Музей находится _______________ переходом.

5 **Как правильно?**

Движение прямо ________________ ________________ ________________

6 **Дополните предложения по горизонтали.**

Ч _ _ находится напротив парка?

Идите П _ _ _ _ до кинотеатра.

С _ _ _ _ _ _, пожалуйста, где здесь музей?

М _ _ дом в центре города.

С _ _ _ _ _ _ _ налево.

Моя Ф _ _ _ _ _ _ Петров.

М _ _ _ _ на улице Пушкина.

7 **Ihre russischen Bekannten möchten Sie zu Hause besuchen. Beschreiben Sie den Weg und fertigen Sie eine Skizze mit russischer Beschriftung an.**

Sie kommen mit dem Bus.

От остановки автобуса идите ...

Sie kommen mit dem Auto.

Вам надо доехать до ...

Потом сверните ...

8

Geben Sie sinngemäß russisch wieder.

Sie erkundigen sich in einer russischen Stadt nach dem Weg.
- Sie möchten den Weg zum Stadtzentrum wissen.
- Sie möchten wissen, wo ein Taxistand ist.
- Sie erkundigen sich nach der Bushaltestelle.
- Bitten Sie Ihren Gesprächspartner, seine Auskunft zu wiederholen.

Sie erteilen einem russischen Touristen in Deutschland Auskunft.
- Das Museum befindet sich in der Friedensstraße. Gehen Sie bitte geradeaus und biegen Sie dann nach rechts ab.
- Das Hotel „Zum Löwen“ ist nicht weit von hier. Gehen Sie bis zur Post und biegen Sie dann nach links ab. Das Hotel befindet sich neben dem Park.

9

Кроссворд

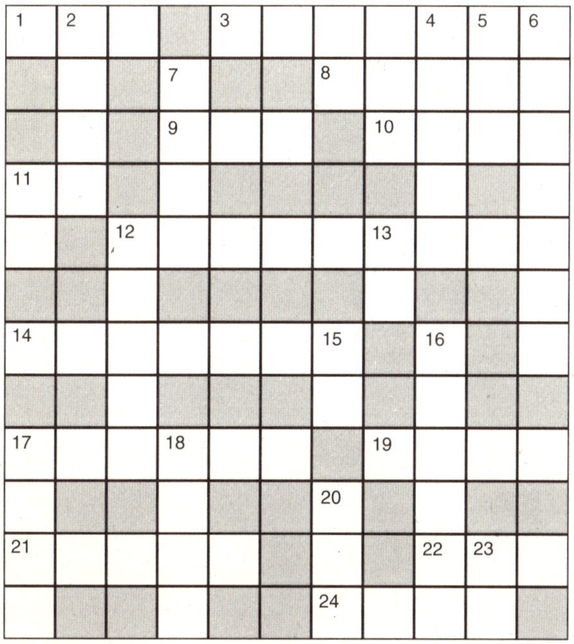

По горизонтали:
1. Ему ... 16 лет.
3. Она хорошо ... по-русски.
8. Где книга? Она на ... .
9. sie
10. Рольф ... русский язык.
11. ..., пока!
12. У меня нет ручки и ... .
14. danke
17. семь, ..., девять
19. У меня есть сестра и ... .
21. пять, ..., семь
22. Mädchenname
24. один брат – ... сестра

По вертикали:
2. Я ... в Москве.
4. На столе карандаш и ... .
5. oder
6. Heft
7. до свидания
11. Нет, это ... Нина, это Рита.
12. Klasse
13. ja
15. von
16. город в Германии
17. Ihre
18. У меня ... брат.
20. hundert
23. auf, an

1 **Kennzeichnen Sie die weichen Konsonanten:**

я беру, ты берёшь, они берут, кассета, интересный, время, у меня нет времени, почему, тренировка, воскресенье, всегда, мы ходим, вы ходите

2 **Составьте предложения со словами *давать* и *брать*.**

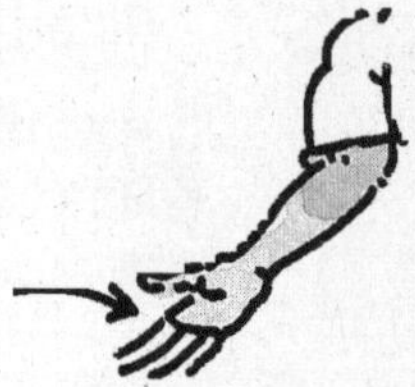

Ира – Борис – кассетник

Борис – Ира – кассетник

мальчик – турист – карта города

турист – мальчик – карта города

Таня – Игорь – номер телефона

Игорь – Таня – номер телефона

Свен – Виктор – адрес

Виктор – Свен – адрес

3 **Wie sagen Sie es russisch?**

Ein russischer Bekannter lädt Sie ein, morgen mit ihm ins Museum zu gehen. Antworten Sie, dass Sie morgen leider nicht können, da Sie mit einem Freund zum Training gehen.

Fragen Sie ihn, ob er am Sonntag Zeit hat. Sie könnten am Sonntag ins Museum gehen. Außerdem läuft am Sonntagabend im Kino ein interessanter Film. Laden Sie Ihren Bekannten ins Kino ein.

4 **Вставьте *домой* или *дома*, *в школу* или *в школе*, *на концерт* или *на концерте*, *в парк* или *в парке*.**

– Пётр Иванович, Таня ______________?

– Нет, она ___________________________.

– Катя, ты знаешь, где Ира?

– Знаю, она ___________________________.

– Девочка, куда вы едете?

– ____________________________________

– А куда ты идёшь?

– ____________________________________

5 **Как правильно: *идти* или *ходить*?**

– Куда ты ____________, Борис?

– На тренировку. Я всегда ____________ на тренировки в воскресенье.

– Вы часто вместе ____________ в школу, ребята?

– Нет. Но после школы мы иногда вместе ____________ на стадион.

– Я ____________ в кино. Пойдём вместе?

– К сожалению, у меня нет времени. Я ____________ к подруге.

6 **Ответьте на вопросы.**

Вы часто ходите в кино? С кем? ______________________________

У вас дома есть кассеты? ______________________________

Вы даёте кассеты другу или подруге? ______________________________

У кого вы берёте книги? ______________________________

6 Б Что вы делали?

1

Setzen Sie Präteritalformen der Verben ein.

- Вчера в кинотеатре ________ (идти) интересный фильм. Катя не ________ (быть) вчера в кино. Она не ________ (мочь): у неё не ________ (быть) времени.
- Ребята, вы ________ (быть) вчера на стадионе? – Нет, мы не ________ (ходить) на стадион. Мы вчера ________ (быть) на концерте.
- Вчера вечером Нине ________ (звонить) Свен. Они ________ (говорить) по-немецки. Нина хорошо ________ (понимать) Свена. Свен ________ (дать) Нине номер телефона в Берлине.

2

Schreiben Sie diese Sätze im Präteritum auf.

В воскресенье Мила и Катя обедают у бабушки.

____

Катя видит Максима и Лиду. Они идут в кино.

Вчера ____

Вадим звонит Борису. У Бориса нет времени. Он учит немецкие слова.

После школы ____

Таня читает книгу, а Виктор смотрит телевизор.

После ужина ____

3

Что они делали в воскресенье?

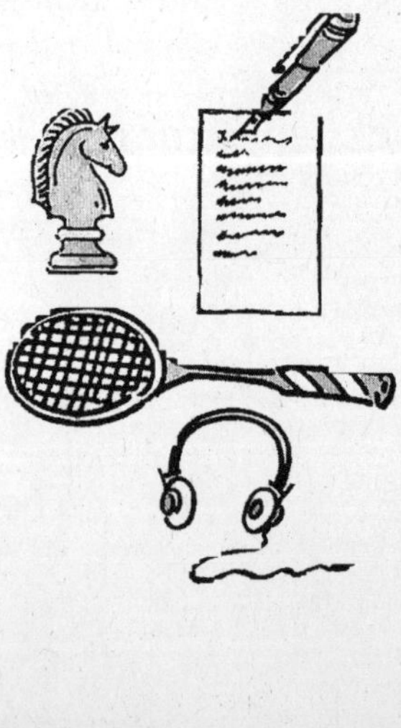

Ира и Нина: *Мы* ____

Максим: ____

Вадим и Вова: ____

Ира: ____

Катя: ____

4 **Спросите по-русски.**

Вчера Таня писала письмо подруге.
Когда Таня писала письмо? – Вчера.
Кто писал письмо? – Таня.
Что Таня делала вчера? – Писала письмо.
Кому она писала письмо? – Подруге.

В воскресенье Борис играл с Антоном в футбол на стадионе.

____

____

____

____

____

Вечером девушки смотрели в кинотеатре новый интересный фильм.

____

____

____

____

____

5 **Напишите, что вы делали в воскресенье.**

В воскресенье я был(а) ______________________________

Сначала я ______________________________

____

Потом ______________________________

____

Вечером ______________________________

____

Что вы делали?

1

з или с?

ри__овать, по__вонить, __ка__ать, в__ять, напи__ать, __делать, в__егда

2

***и, а* или *но*?**

Вчера вечером бабушка, дедушка, папа, мама, Зина ___ Нина были дома.
Бабушка слушала радио, ___ дедушка смотрел телевизор.
Зина делала уроки, ___ Нина делала уроки.
Мама читала журнал, ___ папа читал газету.
Мама читала о музыке, ___ папа читал о спорте.
Зина учила английские слова, ___ не выучила их.
Нина получила письмо от подруги из Берлина, ___ ещё не прочитала его.

3

Ergänzen Sie den fehlenden Aspektpartner. Übersetzen Sie die Verben.

Verben des v. Aspekts	Verben des uv. Aspekts	deutsche Bedeutung
написать	*писать*	*schreiben*
позвонить	___	___
___	читать	___
выучить	___	___
сделать	___	___
___	получать	___
дать	___	___
___	брать	___
___	говорить	___

4

Unterstreichen Sie die Verben und bestimmen Sie den Verbalaspekt. Übersetzen Sie.

1. Борис сделал уроки и позвонил другу.
2. Таня долго говорила с Ниной по телефону. Она сказала ей, что была с Кирой в кино.
3. Катя взяла у Раисы журнал, но ещё не прочитала его.
4. Виктор дал Борису кассеты, и Борис два часа слушал их.
5. Борис нарисовал портрет Светы, но Света ещё не видела его.

5 Как правильно? Почему?

написала/писала?
Вера каждое воскресенье ______________ письма подруге в Москву.

выучил/учил?
Андрей целый час ______________ уроки.

прочитала/читала?
Таня целый день ______________ книгу о Москве, но ещё не ___________________ её.

получила/получала?
Сегодня Надя ______________________ письмо от Ирины.

сказала/говорила?
Надя долго ______________ с подругой по телефону.

нарисовала/рисовала? дала/давала?
Рита ______________ портрет бабушки и ______________ его маме.

взяла/брала? нарисовала/рисовала?
Мама ______________ портрет и сказала: «Как хорошо ты ______________ бабушку!»

6 Welches russische Verb müsste bei der Übersetzung dieser Sätze verwendet werden? Schreiben Sie nur das Verb in der richtigen Form auf. Begründen Sie die Aspektwahl.

Heute hat Andrej eine Zwei in Mathematik bekommen. ___________________________

Ina hat gesagt, dass er sich sehr geärgert habe. ___________________________

Aber er hatte seine Schularbeiten nicht gemacht. ___________________________

Er sagte, dass er den ganzen Abend ein interessantes Buch gelesen hätte. ___________________________

Monika hat einen Brief aus Moskau erhalten. ___________________________

Monika hat den Brief ihrer Mutter zu lesen gegeben. ___________________________

7 Какое слово нарисовала Рита?

1 **ж, ш или ч?**

предло__ение, буде__ь, слу__ать, ска__ите, по__алуйста, хо__у, хо__ешь, ва__е имя

2 **Setzen Sie Personalpronomen ein. (↗ Г *72*)**
Beachten Sie die Rektion der Verben.

Виктор вчера видел Катю, а Катя *его* не видела.

Маша видела на стадионе Виктора, а Виктор ______ не видел.

Таня позвонила Кире, а Денис ______ не позвонил.

Света написала подруге письмо, а подруга ______ не написала.

Таня и Нина были в гостях у Бориса, а он у ______ ещё не был.

Ребята выучили уроки, а Анна ______ не выучила.

Таня прочитала книгу, а Катя ______ ещё не прочитала.

3 **Напишите, кого и куда они хотят пригласить в воскресенье.**

В воскресенье Антон хочет пригласить Катю.
Он хочет пригласить её на дискотеку.

Борис – Иван – домой ____

____

Родители – бабушка и дедушка – в ресторан____

____

Маша – я – на стадион ____

____

Виктор – ты – в кино ____

____

Вадим и Виктор – мы – на дискотеку____

____

4 **Gestalten Sie Dialoge nach dem Muster. Verwenden Sie das Futur.**

– Что ты будешь делать в воскресенье, Нина?
– Ещё не знаю. Наверно, буду весь день читать. У меня есть интересная книга.

Рита и Катя – слушать музыку – хорошие кассеты
Виктор – смотреть соревнования – на стадионе играют команды «...»
Таня – смотреть видики – хорошие фильмы

5 **Ergänzen Sie. Nutzen Sie Wortgruppen mit der Präposition *по*.**

Сегодня в школе соревнования *по гимнастике*. (гимнастика)

Ребята гуляют ________________________. (парк)

Ты любишь слушать музыку ______________________? (радио)

Вадим позвонил Рите _________________________. (телефон)

Ребята смотрят соревнования _________________________. (телевизор)

Я не поняла, как тебя зовут. Повтори, пожалуйста, _____________________. (буквы)

6 **Прочитайте, что Кира написала Денису.**

Дорогой Денис!

В воскресенье после обеда мои родители будут в гостях у друзей. Я пригласила Бориса и Нину. У меня есть хорошие кассеты. Будем слушать музыку и танцевать.

Тебя я тоже приглашаю. Приходи, пожалуйста, в воскресенье в четыре часа.*

Твоя Кира

* komm

7 **Schreiben Sie eine ähnliche Einladung.**

1 **Как называется площадь в центре Москвы? (по горизонтали)**

По вертикали:

1. Videokassetten
2. Мы приглашаем … в гости.
3. nehmen
4. alle
5. wahrscheinlich
6. Ребята хотят … Катрин Москву.
7. *v.* zu брать
8. Finger
9. очень хорошо
10. папа и мама
11. noch
12. Mannschaft
13. *v.* zu видеть
14. geben

2 **Переведите.**

Света пишет письмо Катрин. Она напишет письмо, а потом позвонит Кире.

____

Ребята ещё не видели Катрин. Они увидят её летом.

____

Они покажут ей Москву. Все вместе они посмотрят Кремль и Красную площадь.

____

А сейчас Света показывает ребятам фотографии Катрин, и они вместе смотрят их.

____

3 **Wählen Sie den richtigen Aspekt. Begründen Sie Ihre Entscheidung.**

1. Нина долго *(сказала/говорила)* с подругой по телефону.
2. Наташа весь день *(выучила/учила)* уроки.
3. Вчера Виктор *(получил/получал)* письмо от Марины. Завтра он *(напишет/пишет)* ей.

4 **Ответьте на вопросы.**
Скажите, что вы, *наверно*, сделаете это *завтра*, *послезавтра* или *в воскресенье*.

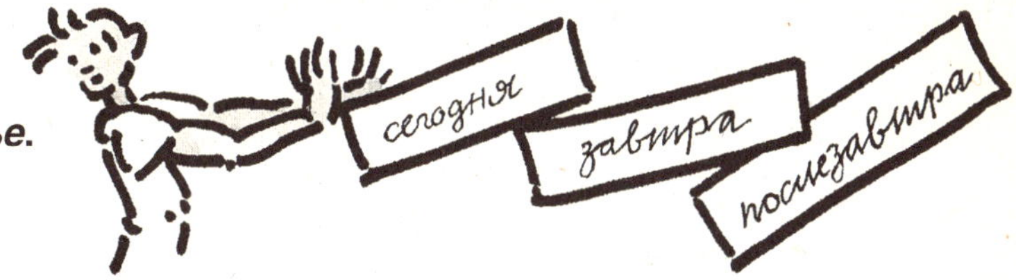

Ты пригласил(а) в гости друга из России?
– Нет, я, наверно, приглашу его в воскресенье.

1. Вы уже смотрели новый фильм? ____________________

____

2. Вы показали гостю ваш город? ____________________

____

3. Ты вчера видел(а) Нину? ____________________

____

4. Ты дал(а) брату новые видики? ____________________

____

5. Вы взяли кассеты у подруги? ____________________

5 **Übersetzen Sie die unterstrichenen Verben und schreiben Sie nur diese in der erforderlichen Form auf.**

1. Heute hat Karin eine Zwei in Geografie bekommen. ____________________

2. Hast du dieses Buch von Tanja geliehen? Tanja hat viele Bücher. ____________________

   Nein, ich leihe Bücher immer aus der Bibliothek aus. ____________________

3. Gibt dir Denis manchmal seine Kassetten? ____________________

   Früher hat er mir immer seine Kassetten gegeben, aber jetzt gibt er sie mir nicht mehr.

   ____

4. Hast du Tanja schon angerufen? – Ich habe schon mehrmals angerufen, aber sie meldet sich nicht. ____________________

Приглашение

1

Составьте словосочетания

- **со словом *весь (вся, всё; все)*:**

_______ день, _______море, _______ улица, _______ дома, _______ мосты, _______ памятники, _______ песня, _______ берег, _______ открытки

- **со словами *хор, памятник, памятники, песня, песни, каникулы, музей*:**

народный *хор*, народная _______________, народные _______________;

исторический _______________, _______________, исторические _______________;

зимние _______________

Переведите словосочетания на немецкий язык.

2

Напишите, кто кого (чего) ждёт.

Борис	Света	*Борис ждёт Свету.*
Володя	Егор и Игорь	_______________
Артём	Нина и Катя	_______________
Родители	бабушка и дедушка	_______________
Света	подруга из Германии	_______________
Мы	такси	_______________

3

Ersetzen Sie durch entsprechende Personalpronomen im erforderlichen Kasus.

Таня	*она*	от Тани	*от неё*	я	*от меня*
Вадим	_____	с Вадимом	_____	ты	*с* _____
Таня и Вадим	_____	у Тани и Вадима	_____	мы	*о* _____
Виктор	_____	о Викторе	_____	вы	*от* _____
Ира	_____	к Ире	_____	ты и я	*о* _____

4

Setzen Sie passende Personalpronomen im erforderlichen Kasus ein.

1. Надя дружит с Ниной. Она дружит с *ней* уже три года.
2. Кира дружит с Денисом. Она дружит с ________ уже пять лет.
3. Кира и Денис – друзья. Вы уже читали о ________.
4. В воскресенье Миша идёт с папой и мамой в ресторан. Он особенно любит обедать с ________ в ресторане.
5. Света часто получает письма от Катрин. Она часто пишет ________.
6. Я играю с Виктором в шахматы. Я люблю играть с ________, а он любит играть со ________.
7. Таня дружит с Кирой и Денисом. Вчера Таня позвонила ________ и пригласила ________ в гости.
8. Мартина читает о Санкт-Петербурге. Она была там летом и уже прочитала о ________ две книги.

5

У вас есть друзья в другой[1] стране? Напишите о них.

Как их зовут? Где они живут? Сколько лет вы дружите?
Вы пишете им письма? Они часто пишут вам? Они уже были в Германии?
Что вы ещё можете написать о них?

____

____

____

____

____

____

____

[1] другой – anderer

8 A Поедем в центр!

1

Выпишите слова с буквами *ж, ч, ш, щ*.

– Давай сегодня поедем в центр, я хочу купить сувениры: платок, альбом с видами Москвы и ещё матрёшку.

– Хорошо. Поедем в центр, погуляем по Тверской улице. Там ты можешь купить сувениры. А вечером будем смотреть телевизор. Мы, конечно, можем и потанцевать.

ж: ______________________ ш: ______________________

ч: ______________________ щ: ______________________

2

Переведите.

1. В гостинице говорят по-русски, по-английски, по-французски и по-немецки.

____

2. Здесь продают газеты, журналы, открытки и маленькие сувениры.

____

3. В гостинице можно купить сувениры?

____

3

В магазине

Найдите слово по вертикали.

По горизонтали:
1. Я хочу … матрёшку.
2. и 3. русские деньги
4. В магазине … типичные русские сувениры.
5. Платите, пожалуйста, в … .
6. Туристы любят покупать … .
7. Я возьму этот альбом и … две открытки.
8. Сколько … альбом?
9. Посмотрите, пожалуйста, … на этикетке.
10. … в кассу!

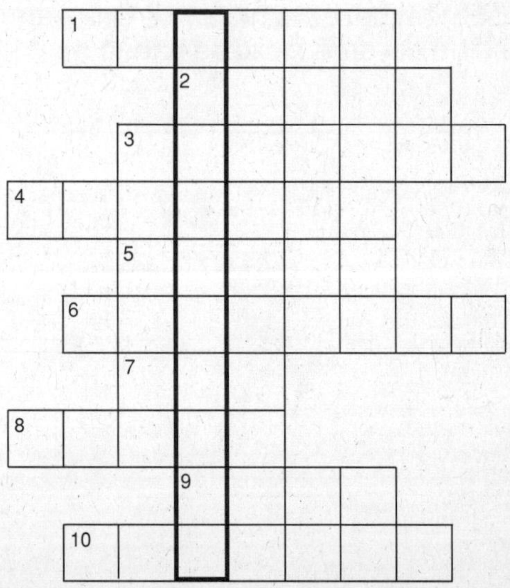

4

Какие сувениры купила Катрин?

1. ____________
2. ____________
3. ____________
4. ____________
5. ____________
6. ____________
7. ____________
8. ____________
9. ____________
10. ____________
11. ____________
12. ____________

П	У	З	Е	Р	К	А	Л	О	М
Л	К	Н	И	Г	А	Л	А	С	А
А	Р	А	Р	Е	С	Ь	М	И	Т
Т	В	Ч	З	А	С	Б	П	Е	Р
О	С	О	В	Е	Е	О	А	Л	Ё
К	Ы	К	Н	О	Т	М	Я	Ч	Ш
И	Р	У	Ч	К	А	Н	И	К	К
Л	О	Т	К	Р	Ы	Т	К	А	А
Ф	Л	О	М	А	С	Т	Е	Р	Н

5

Найдите два ответа на каждый вопрос.

1. Здесь можно купить кассеты?
2. Можно позвонить Тамаре?
3. В гостинице можно поужинать?
4. Можно пойти сегодня на рок-концерт?

( ) Можно. Вот телефон.

( ) Можно, здесь продают кассеты.

( ) К сожалению, нельзя. Наш телефон не работает.

( ) Нет, нельзя. Здесь продают только книги.

( ) Конечно, можно. Там есть хороший ресторан.

( ) К сожалению, нельзя. Рок-концерт был уже вчера.

( ) Нет, нельзя. Там можно только позавтракать.

( ) Можно. А разве ты любишь рок-музыку?

Дополните предложения.

- В этом магазине ____________ открытки и матрёшки.

  Здесь ____________ купить и альбомы.

- Из этого таксофона ____________ позвонить в Германию?

  К сожалению, ____________. Таксофон не работает.

Поедем в центр!

1 **Дополните предложения.**

1. Света получила письмо от ______________________ родители, туристы,
______________________ друзья, подруги
2. Сколько ____________ и ____________ у вас в классе? девушки, юноши
3. В магазине большой выбор ______________________ книги, журналы,
______________________ кассеты, сувениры
4. В центре города много ______________________ машины, автобусы,
______________________ трамваи, троллейбусы

2 **Вы в магазине. Напишите, что вам (не) нравится и что вы возьмёте.**

1. *Мне не нравится этот большой чёрный альбом.* чёрный альбом,
Лучше я возьму эти маленькие открытки. маленькие открытки
2. ______________________ зелёный платок,
______________________ маленькая матрёшка
3. ______________________ чёрная ваза,
______________________ белая ваза
4. ______________________ красная сумка, типич-
______________________ ный русский сувенир

3 **Как правильно: *этот, это, эта, эту, эти*?**

В киоске

- Сколько стоят ______ две книги?
- Покажите мне, пожалуйста, ______ газету. Сколько стоит ______ журнал?
- Я возьму ______ журнал, ______ книги и ______ газету.
- Покажите нам, пожалуйста, ______ открытки с видами Москвы.

4 **На почте или в банке иногда надо писать цифры буквами.**

37 р. *тридцать семь рублей* ______

150 р. ______

240 р. ______

680 р. ______

2 100 р. ______

7 300 р. ______

18 500 р. ______

20 230 р. ______

5 **Nennen Sie die Preise.**

Эта книга стоит четырнадцать марок пятьдесят пфеннигов.

______

______

______

______

______

______

______

______

______

______

______

______

1 **Дополните диалоги. Используйте *рисовать* или *танцевать*.**

1. Таня: Я не люблю рисовать. Я плохо ____________. А как ты ______________?

   Вадим: Ира говорит, что я неплохо ______________. А Сергей ________________ очень хорошо.

2. Андрей: Девочки, вы часто ходите на дискотеку. С кем вы там ______________?

   Галя: Мы ______________ с мальчиками из нашего класса.

   Андрей: А кто из мальчиков особенно хорошо ______________?

   Ира: Особенно хорошо _________________ Игорь и Денис.

2 **Напишите, кто из вас хорошо танцует, рисует, фотографирует.**

3 **Что они любят есть и пить? Дополните диалоги.**

Антон: Что ты будешь _________, Борис?

Борис: Пирожки. Я часто ________ пирожки.

Я очень люблю их, особенно с капустой.

Антон: А что ты будешь ________, Катрин?

Катрин: Блины. Я давно хотела попробовать блины.

Антон: Да, надо попробовать. Русские часто

________ блины.

Катрин: А что ты любишь пить, Антон?

Антон: Чай, сок, колу. А утром я всегда ________ молоко

или кефир. Что ты дома ________ на завтрак?

Катрин: Кофе. Мои родители тоже ________ кофе.

Папа иногда ________ чай.

Антон: Русские часто ________ чай. Мы очень любим чай

с вареньем. Ты ещё не _______ чай с вареньем? Попробуй!

4 Что вы любите есть и пить?

Напишите,
- что вы любите,
- что вы часто едите и пьёте,
- что вы хотите попробовать.

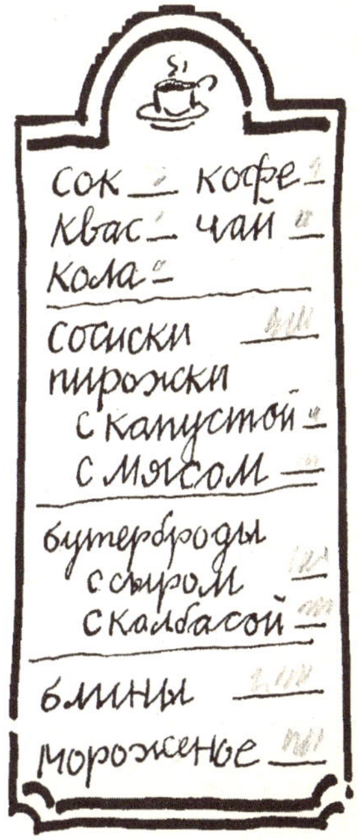

1. *Я люблю* ______________________________

____

____

2. ______________________________

____

____

3. ______________________________

____

5 Schreiben Sie auf, was Sie mit Ihrem Gast morgen unternehmen wollen.

Schlagen Sie ihm vor, in die Stadt (ins Stadtzentrum) zu fahren.
Machen Sie Vorschläge,
- was man sich dort ansehen könnte,
- wo man im Zentrum gut Souvenirs kaufen kann,
- welche typischen Souvenirs dort verkauft werden.

Давай завтра поедем ______________________________

____

____

____

____

____

____

____

1 **Найдите слова на тему «Школа».**

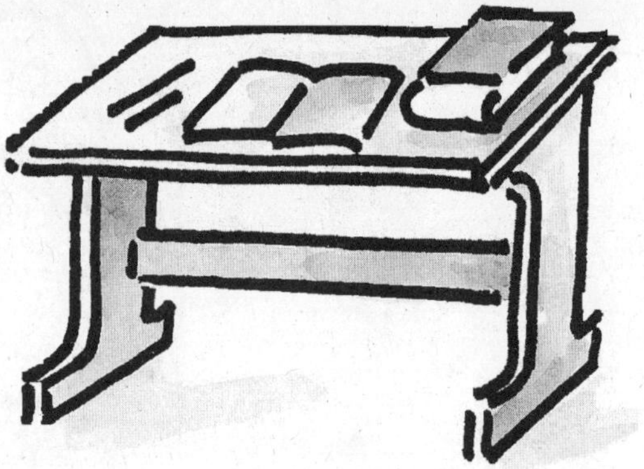

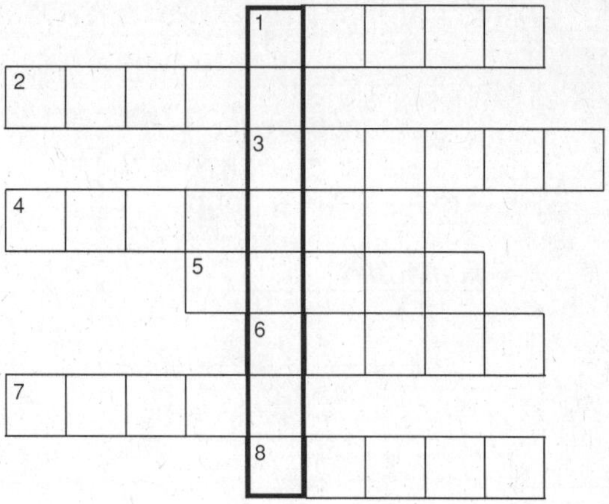

Vervollständigen Sie mit den gefundenen Wörtern die folgenden Sätze.

1. Утром (3) ______________ идут в (8) ___________.

2. В (1) _____________ большая (6) ______________.

3. У меня в (7) _________ (2) __________, (4) _____________ и (5) ___________.

2 **Составьте предложения.**
Используйте: ***техника, математика, спорт, музыка, книги, языки.***

Я (интересоваться) ____.

Мой друг/моя подруга (увлекаться) ____.

Мы часто вместе (заниматься) ____.

Мои родители (интересоваться) ____.

3 **Напишите, чем интересуются или занимаются эти ребята.**

Андрей ____.

Я знаю, что Маша ____.

Наверно, Таня ____.

Я думаю, что Коля ____.

Мои друзья ____.

1 **Дополните.**

Какой класс? | В каком классе вы учитесь?

(8) *восьмой класс* ____ *В восьмом классе.*

(9) ____ *В* ____.

(10) ____ *В* ____.

Какой этаж? ____ | На каком этаже вы живёте?

(1) ____ *На* ____.

(2) ____ *На* ____.

(3) ____ *На третьем* ____.

(4) ____ *На* ____.

Какая квартира? ____ | В какой квартире вы живёте?

(7) ____ *В* ____.

(26) ____ *В* ____.

(112) ____ *В* ____.

2 **На каком этаже, в какой квартире они живут?**

Рита Митрофанова 8/832 *Рита Митрофанова живёт на восьмом этаже в восемьсот тридцать второй квартире.*

Вадим Быковский 6/621 ____

Катя Берман 5/519 ____

Саша Петренко 3/312 ____

3 **Составьте как можно больше словосочетаний:**

русский	стадион	*старый, большой, новый стадион*
белый	дом	
любимый	письмо	
старый	музыка	
большой	зеркало	
новый	язык	
народный	книга	
иностранный	гость	
дорогой	журнал	
интересный	подруга	

4 **Составьте предложения. Используйте словосочетания из упр. 3.**

жить (где?)	*Мы живём в большом белом доме.*
жить недалеко от (чего?)	
получать двойки по (чему?)	
разговаривать с (кем?)	
находиться рядом с (чем?)	
писать (кому?)	
любить (что?)	
знать (кого?)	
заниматься (чем?)	

5 **Юноши разговаривают о Вадиме. Вставьте *«новая подруга»*.**

Антон: Ребята, вчера на концерте я видел Вадима с ________________________.

Борис: Интересно, я не знал, что у Вадима ________________________. Максим, ты знаешь ________________________ Вадима? Как её зовут? Сколько ей лет?

Максим: По-моему, ей 16 лет. Она учится в десятом классе. Вадим показал мне фото ________________________. Её зовут Таня. Она очень симпатичная девушка.

6 **Девушки разговаривают о Тане.**

Ира: Девушки, вчера на концерте я видела Таню с *новым другом.*

Галя: ____
____
____

Лена: ____
____
____

7 **Напишите своё расписание уроков.**

	понедельник	вторник	среда	четверг	пятница
1					
2					
3					
4					
5					
6					

1

Найдите немецкие варианты.

- Чему Ванька не учился, того Иван Иванович знать не будет.
- Повторение – мать учения[1].
- На ошибках[2] учатся.

[1] Mutter der Weisheit
[2] Fehler

2

Ordnen Sie die verwandten Wörter einander zu.
Erschließen Sie die Bedeutung der Substantive mit Hilfe der Verben.

( ) играть	(1) интерес	*das Interesse*
(1) интересовать	(2) прогулка	
( ) гулять	(3) танец	
( ) рисовать	(4) игра	
( ) танцевать	(5) рисунок	

3

Welche Sätze gehören zusammen? Kennzeichnen Sie die Satznummer.

1. Ральф очень серьёзный.
2. Рита – добрая девушка.
3. Миша не особенно спортивный мальчик.
4. Валя весёлая.
5. Игорь – талантливый мальчик.
6. Наш учитель – активный человек.

( ) Она любит танцевать и петь.
( ) … всегда помогает брату и сестре.
( ) … не любит играть в футбол, мало занимается спортом, не умеет танцевать.
( ) … много читает, хорошо учится, серьёзно занимается историей.
( ) … очень хорошо рисует, но и отлично поёт.
( ) … часто ходит в театр, интересуется техникой.

4

Напишите о ваших друзьях.

Франк весёлый и добрый, но не очень аккуратный. Он отлично играет в баскетбол и в теннис, но он интересуется только спортом.

5 **Переведите.**

покупать:	покупатель	*kaufen: Käufer*
читать:	читатель	
писать:	писатель	
жить:	житель	
слушать:	слушатель	
основать *v.*:	основатель	
любить:	любитель	
учить:	учитель	

6 **Ответьте на письмо русской девушки (русского юноши).**

19

Здравствуй, дорогой (дорогая) !

Спасибо за . Ты спрашиваешь, как я учусь, какие у меня любимые предметы, чем я занимаюсь в свободное время.

Как ты уже знаешь, я учусь в

А чем ты увлекаешься, что ты делаешь ?

Пиши. Жду ответа.

До свидания

С праздником!

1 Как правильно?

- *написать* или *писать*?

Кто всегда ________________ письма Катрин, Света или Кира?

- *пригласить* или *приглашать*?

Кто ___________________ Катрин в Москву?

- *показать* или *показывать*?

Летом ребята _________________ Катрин Кремль и Красную площадь.

- *увидеть* или *видеть*?

Вы уже _________________ Москву?

2 Schreiben Sie die Monatsnamen auf, die nicht in dem Rätsel versteckt sind.

1. ________________________________
2. ________________________________
3. ________________________________
4. ________________________________

М	С	Е	Н	Т	Я	Б	Р	Ь
А	Р	Т	О	М	Н	И	Е	Б
Й	О	Р	К	А	В	Ю	Л	А
К	Ф	Е	В	Р	А	Л	Ь	З
И	Ю	Н	Ь	Т	Р	Ь	С	А
Н	О	Я	Б	Р	Ь	С	И	Р

3 Дополните предложения. Вставьте названия месяцев.

В ______________ у нас карнавал. Первый месяц в году –

______________.В ____________ или в ____________ Пасха.

А Троица в __________ или в __________.

Мои любимые месяцы – _____________ и ______________.

В _____________________________ у меня день рождения.

4

Дополните.

	Как**ое** числ**о**?	Как**ого** числ**а**?
1/I	*первое января*	*первого января*
8/III		
9/V		
13/VII		
25/XI		
31/XII		

5

Ответьте на вопросы.

Какое сегодня число? ______________________________

Какое число было вчера? ______________________________

Какое число было позавчера? ______________________________

Какое число будет завтра? ______________________________

6

Напишите число и день недели.

Третье июля – четверг.

____

____

____

____

1 **Bestimmen Sie den Kasus der hervorgehobenen Wortgruppe (↗ Г *73*). Stellen Sie Rückfragen.**

1. Вчера мы с подругой говорили *о моём брате.* — 1. *(P.) О ком вы говорили?*
2. Вы ещё не знаете *моего брата.* — 2. ______?
3. *Мой брат* учится в двенадцатом классе. — 3. ______?
4. *Моему брату* 18 лет. — 4. ______?
5. *У моего брата* есть компьютер. — 5. ______?
6. Вчера я играл в шахматы вместе *с моим братом.* — 6. ______?

2 **Ersetzen Sie *«мой брат»* durch *«моя сестра»*.**

1. ______ — 1. ______?
2. ______ — 2. ______?
3. ______ — 3. ______?
4. ______ — 4. ______?
5. ______ — 5. ______?
6. ______ — 6. ______?

3 **Erkundigen Sie sich bei Ihrem Gesprächspartner,**

- ob er einen Bruder hat, ______
- wie alt sein Bruder ist, ______
- wo sein Bruder wohnt, ______
- ob er sich oft mit seinem Bruder trifft, ______
- ob sich sein Bruder für Technik interessiert, ______
- ob er einen Computer hat. ______

4 **Напишите поздравление вашей подруге (вашему другу).**

5 **Напишите о вашем классе и о вашей школе.**

Используйте:
наша школа находится
рядом с нашей школой
в нашей школе
в нашем классе
девушки из нашего класса

6 **Напишите план вашей недели.**

В понедельник я пойду в кино (буду играть в шахматы).

Во вторник

1

а или *о*?

Света п__лучила __ткрытку от б__бушки из Тулы. Гор__д Тула н__ходится нед_леко от М__сквы. В Туле живут бабушк__ и дедушк__ Светы. __ни живут в центре гор__д__ на вт__ром этаже неб__льшого д__ма. Мама Светы р__дилась в Туле. Викт__р тоже р__дился там.

2

Переведите. Напишите цифры буквами.

das Jahr 1960 *тысяча девятьсот шестидесятый год*

im Jahr 1970 ______________________

im Mai 1980 ______________________

im 10. Stockwerk wohnen ______________________

der Bus Nr. 30 (der 30er Bus) ______________________

3

Напишите, когда родились и умерли эти писатели (старый стиль).

М. Ю. Ле́рмонтов
1814 – 1841

И. С. Турге́нев
9.11.1818 – 3.9.1883

А. А. Ахма́това
1889 – 1966

Ф. М. Достое́вский
11.6.1821 – 9.2.1881

____

____

____

____

____

____

4 **Напишите, когда вы родились (число, месяц, год).**

____

____

5 **Напишите, кто это.**

Дочь вашей бабушки: *Это моя мама.*

Мама вашего папы: ______________________________

Родители вашего папы: ______________________________

Сестра вашего брата: ______________________________

Брат вашей сестры: ______________________________

Сестра вашего папы или вашей мамы: ______________________________

Брат вашего папы или вашей мамы: ______________________________

6

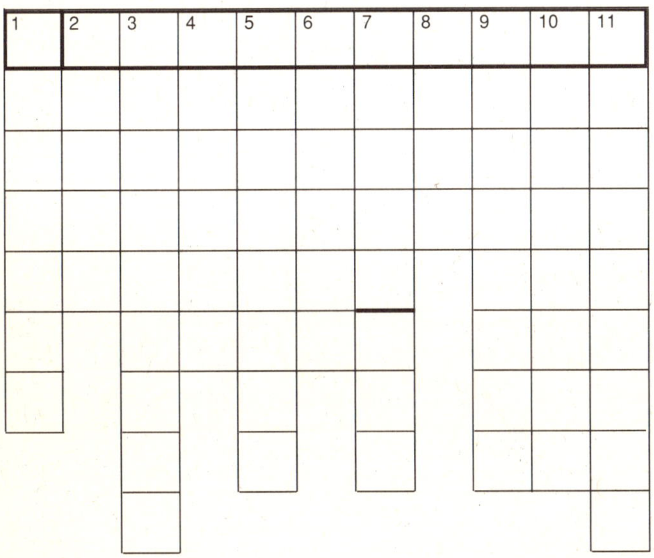

По вертикали:

1. в день рождения желают ...
2. большой праздник, в Германии в марте или в апреле, в России в апреле или в мае
3. праздник, в Германии 25 декабря, в России 7 января
4. восьмой месяц в году
5. в день рождения желают и ...
6. Я дружу с ними. Они мои …
7. первый праздник в году
8. шестой месяц в году
9. любимое время учеников
10. На ней мы пишем поздравления.
11. типичный русский народный праздник (праздничная неделя) в феврале

По горизонтали:

1. поздравление

1 **Спросите по-русски.**

Завтра Таня поедет к бабушке в Новгород.

Кто завтра поедет в Новгород?

К кому ____________________?

Куда ____________________?

Когда ____________________?

Катрин была в Москве у подруги 3 недели.

____________________?

____________________?

____________________?

____________________?

2 **Дополните.** ↗ **Г** ***43***

Infinitiv	Präsens		Präteritum
идти:	*я* ________	*ты* ________	*мы (вы, они)* ________
ходить:	________	________	________
ехать:	________	________	________
ездить:	________	________	________
лететь:	________	________	________
летать:	________	________	________

3 ***ехал*** **или** ***ездил*? *летел*** **или** ***летал*?**

Виктор живёт в Иркутске. Летом он ____________ в Хабаровск. Туда он ____________ на поезде. От Иркутска до Хабаровска поезд шёл три дня. А домой в Иркутск Виктор ____________ на самолёте. Он уже много раз ____________ на самолёте.

4

***идти* или *ходить*?**

На улице

А: Куда ты ______________?

Б: В кино на фильм «Анна Каренина».

А: А я вчера смотрел этот фильм.

Б: Ты часто ______________ в кино?

А: На прошлой неделе я ______________ 2 раза в кино.

***ехать* или *ездить*?**

На улице

А: Куда ты ______________?

Б: На стадион.

А: По-моему, ты вчера уже ____________ на стадион.

Б: Да, ______________. Я часто ______________ туда.

5

На какие вопросы Вадима ответила Света?

Вадим: ____?

Света: Летом мы ездили в Сибирь, в город Иркутск к брату.

Вадим: ____?

Света: Нет, поезд идёт туда очень долго. Мы летали на самолёте.

Вадим: ____?

Света: От Москвы до Иркутска наш самолёт летел 7 часов.

6

Напишите.

Какие интересные поездки у вас уже были? В какие страны вы уже ездили? Куда вы ездили в прошлом году летом? С кем? Куда вы поедете в этом году? На чём вы любите ездить? Вы уже летали на самолёте?

____

____

____

____

____

1 Загадка: магический квадрат

1	2	3	4
2			
3			
4			

Найдите слова и напишите их по горизонтали и по вертикали:

1. время года
2. типичное русское имя (мужчина)
3. фамилия немецких писателей (два брата), их имена: Томас и Генрих
4. женское имя, русское и немецкое

2 Bilden Sie Wortpaare, die Gegensätze oder Zusammengehörigkeit ausdrücken.

большой –	*маленький*	дорогой –	*дешёвый*
плохой –	______	молодой –	______
тёплый –	______	зимний –	______
чёрный –	______	скучный –	______
направо –	______	много –	______
мужчина –	*женщина*	родители –	*дети*
мальчик –	______	юноша –	______
брат –	______	дедушка –	______
купить *v.* –	______	дать *v.* –	______
начинаться –	______	родиться *v.* –	______

3 Welche Wörter passen nicht in die Reihe? Bilden Sie Adjektive zu den gegebenen Adverbien.

жарко, холодно, лето, тепло, скучно, активно, окно, отлично, весело, интересно

жарко – жаркий, ______

______

______

4 ***тёплый* или *тепло*? *холодный* или *холодно*?**

Максим: Сегодня хороший день, но очень холодн___. Солнце светит, но ветер холодн___.

Вадим: Тебе холодн___? А мне тепл___.

Максим: Тебе тепл___, потому что ты играешь в футбол.

Вадим: Давай играть вместе, и тебе не будет холодн___.

5 **Дополните предложения.**

Текст интересный. Мне интересно читать его.

Фильм весёлый. Ребятам ______________________________.

Книга скучная. Мне ______________________________.

Это интересный журнал. Учителю всегда ______________________________.

6 **Дополните предложения.**

Лидия Ивановна – учительница. Она русская. Она хорошо говорит по-русски.

По-немецки она говорит ещё не очень хорошо.

Господин Шнайдер – учитель. Он ______________________________

____

Бернд – студент. ______________________________

____

Наташа – студентка. ______________________________

____

Лето красное

1 **Дополните.**

весна — весной — весенний — весенняя погода

2 **Напишите, какое на картинках время года и какая погода.**

Осень. Погода плохая. Идёт дождь, холодно.

3 **Напишите, какое время года вы любите, какая погода бывает в это время в Германии, что вы любите делать в это время года.**

Найдите слова на тему «Погода».

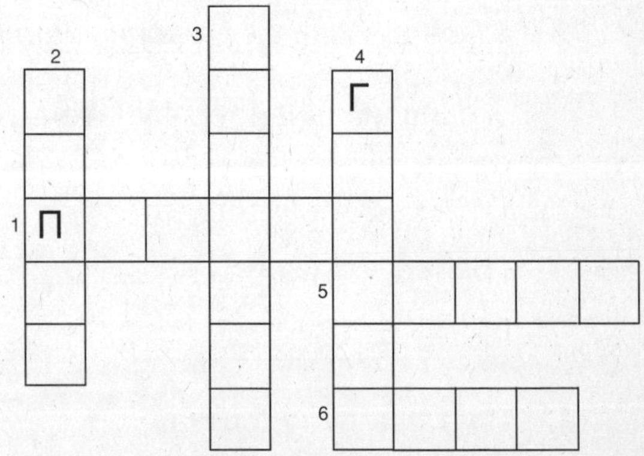

4 **Переведите пословицы и народные поговорки на немецкий язык.**

Зима снежная – лето дождливое. ______

В феврале зима с весной встречается впервой. ______

Одна ласточка[1] не делает весны. ______

Май холодный – год хлебородный[2]. ______

Не жди лета долгого – а жди тёплого. ______

Сентябрь – вечер года. ______

[1] Schwalbe [2] kornreich, fruchtbar

5 **Найдите и напишите как можно больше слов.**

1. Чем можно писать? ______
2. На чём можно ехать? ______
3. Что можно читать? ______
4. Что можно есть? ______
5. Что можно пить? ______
6. Во что можно играть? ______

6 **Напишите открытку вашей подруге (вашему другу).**

Напишите, где вы находитесь, какая там погода, чем вы занимаетесь.

______
______
______
______
______
______

1 Посмотрите на карту России и напишите, где расположены эти города.

Архангельск, Екатеринбург, Новгород, Омск, Хабаровск.

1. ______________________ расположен на Дальнем Востоке, на Амуре.
2. ______________________ находится в Европейской части России на севере. Он расположен у моря.
3. ______________________ расположен на севере России на реке Волхове.
4. ______________________ находится на Южном Урале, на границе между Европой и Азией.
5. ______________________ расположен в Западной Сибири на реке Иртыше.

2 Напишите, какие большие города находятся

- на Волге: ______________________
- у Чёрного моря: ______________________
- на Урале: ______________________
- в Восточной Сибири: ______________________
- на Дальнем Востоке: ______________________

3 **Напишите, где расположены эти города:**

1. *Санкт-Петербург расположен на севере России на реке Неве.*
2. Новосибирск ______
3. Москва ______
4. Самара ______
5. Иркутск ______
6. Мурманск ______

4 **Когда были основаны эти города и сколько там сегодня жителей?**

1. Братск	( )	1703 г. / 5 млн.	______
2. Санкт-Петербург	( )	1661 г. / 590 000	______
3. Иркутск	(3)	1147 г. / 9 млн.	*Иркутск был основан в 1661 году. Сегодня там 590 000 жителей.*
4. Москва	( )	859 г. / 215 000	______
5. Новгород	( )	1955 г. / 230 000	______

1 **Напишите вопросы и ответы.**

1. – *Нина, это твоя книга?* ______ – *Моя. (Нет, не моя.)*

2. – *Катя,* ______? – ______

3. – *Рита и Таня,* ______? – ______

4. – *Девушки,* ______? – ______

5. – *Мария Ивановна,* ______? – ______

2 ***его, её, их?***

1. – Виктор – брат Светы? – Да, Виктор – _____ брат.

2. – Света – подруга Бориса? – ______

3. – Анна Ивановна – бабушка Светы и Максима? – Да, она ______

4. – Ольга Ивановна – сестра Анны Ивановны? – ______

3 **Напишите, кто с кем ездил на дачу.**

Олег	сестра Олега	друг сестры Олега
Таня	подруга Тани	родители подруги
Ира	друг Иры	бабушка Иры
Борис	подруга Бориса Света	подруга Светы

Олег ездил на дачу со своей сестрой и с её другом.

______

______

______

4 **Напишите, о ком идёт речь: о сестре Вадима или о сестре Ивана?**

Иван сфотографировал Вадима с его сестрой. Это сестра ________________________.

Иван сфотографировал Вадима со своей сестрой. Это сестра ____________________.

В кино Иван видел Вадима и его сестру. Это сестра __________________________.

В кино Иван видел Вадима и свою сестру. Это сестра__________________________.

Иван написал открытку Вадиму и его сестре. Это сестра _______________________.

Иван написал открытку Вадиму и своей сестре. Это сестра ____________________.

5 **Вставьте нужные формы: *свой, его, её* или *их*?**

1. Летом Света и _______ брат Виктор ездили со _______ родителями в Сибирь. Там, недалеко от Иркутска, живут _______ дедушка и бабушка. Это родители _______ папы. Они живут в деревне. _______ дом деревянный и красивый. У них есть большой сад и огород. Летом они много работают в _______ огороде.

2. В июле Катрин была в гостях у _______ подруги Светы. _______ подруга живёт в Москве. Вместе со Светой и с _______ друзьями Катрин праздновала _______ день рождения. В воскресенье Света и _______ родители пригласили Катрин на дачу. ________ дача находится недалеко от Москвы. Летом они по воскресеньям всегда ездят на _______ дачу. Недалеко от _______ дачи есть маленькая река и красивый лес.

1 **Ergänzen Sie zu den gegebenen Substantiven die entsprechenden Verben:**

рисунок *рисовать* ____ дружба ____

танец ____ разговор ____

игра ____ завтрак ____

интерес ____ встреча ____

видик ____ родина, родители ____

2 **Напишите, кто прав, кто неправ и почему.**

Оля: Сегодня плохая погода, мы не можем играть в футбол.
Таня: Ну что ты, сегодня хорошая погода!

Игорь: Ты уже смотрел этот фильм по роману Толстого?
Вова: По-моему, это фильм по роману Достоевского.

Таня: Посмотри, завтра идёт фильм по балету Чайковского.
Ира: Да, но мне кажется, это фильм по балету Прокофьева.

____ ____ ____

____ ____ ____

3 **Напишите,**

что растёт в саду: ____

что растёт в огороде: ____

что растёт в лесу: ____

4 **Расскажите о вас, о вашей семье и ваших друзьях, о ваших планах на каникулы. Попросите вашу подругу (вашего друга) рассказать вам о семье, о школе, о планах на лето.**

Вста́вьте … (в ну́жной фо́рме, ну́жные фо́рмы).	Setzen Sie … (in der erforderlichen Form, die richtigen Formen) ein.
Вы́пишите (слова́ с бу́квами …).	Schreiben Sie (die Wörter mit den Buchstaben …) heraus.
Допо́лните предложе́ния (словосочета́ния, диало́ги).	Vervollständigen Sie die Sätze (Wortgruppen, Dialoge).
Испо́льзуйте … (словосочета́ния).	Verwenden Sie … (die Wortgruppen).
Как пра́вильно?	Wie ist es richtig?
Найди́те … (отве́ты, сло́во, …).	Suchen Sie … (Antworten, das Wort, …).
Напиши́те … (о себе́, …).	Schreiben Sie … (*[etwas]* über sich, …) auf.
Отве́тьте (на вопро́сы).	Antworten Sie (auf die Fragen).
Переведи́те … (текст, словосочета́ния, …).	Übersetzen Sie … (denText, die Wortgruppen, …).
Прочита́йте …	Lesen Sie …
Расскажи́те о …	Erzählen Sie von …
Скажи́те по-ру́сски.	Sagen Sie es russisch.
Соста́вьте предложе́ния (словосочета́ния, диало́ги).	Bilden Sie Sätze (Wortgruppen, Dialoge).
Спроси́те.	Stellen Sie Fragen.

Zeichenerklärung:

Dieses Symbol kennzeichnet Aufgabenangebote zur Lösung außerhalb des Arbeitsheftes.

ISBN 3-06-500931-5

1. Auflage
5 4 3 2 / 00 99 98 97
Alle Drucke dieser Auflage sind unverändert und im Unterricht parallel nutzbar.
Die letzte Zahl bedeutet das Jahr dieses Druckes.

Printed in Germany
Druck und Binden: DBC DRUCKHAUS BERLIN-CENTRUM
Illustrationen und Layout: Dieter Heidenreich
Einband: Gerhard Medoch
Realisierung: Marion Röhr
Redaktion: Jürgen Cunow, Ernst-Georg Kirschbaum